Kürbis & Co

Kürbis & Co

Die besten Rezepte mit Zucchini und Kürbis

Parragon

Bath • New York • Cologne • Melbourne • Delhi
Hong Kong • Shenzhen • Singapore • Amsterdam

This edition published by Parragon Books Ltd

Parragon Books Ltd
Chartist House
15–17 Trim Street
Bath BA1 1HA, UK
www.parragon.com

Einleitung und Rezepte: Anne Sheasby
Fotografien: Clive Streeter
Food-Styling: Angela Drake und Teresa Goldfinch
Design: Shelley Doyle

Parragon Books Ltd
Chartist House
15–17 Trim Street
Bath, BA1 1HA UK
www.parragon.com

Realisation der deutschen Ausgabe:
trans texas publishing services GmbH, Köln
Übersetzung: Wiebke Krabbe, Damlos
Satz: Birgit Beyer, Köln
Redaktion: Nazire Ergün, Köln

ISBN 978-1-4748-2256-5
Printed in China

Hinweis
Sofern die Schale von Zitrusfrüchten benötigt wird, verwenden Sie unbedingt unbehandelte Früchte.
Sind Zutaten in Löffeln angegeben, ist immer ein gestrichener Löffel gemeint:
Ein Teelöffel entspricht 5 ml, ein Esslöffel 15 ml.
Sofern nicht anders angegeben, wird Vollmilch (3,5 % Fett) verwendet.
Es sollte stets frisch gemahlener schwarzer Pfeffer verwendet werden.
Bei Eiern und einzelnen Gemüsesorten, z. B. Kartoffeln, verwenden Sie mittelgroße Exemplare.
Kinder, ältere Menschen, Schwangere, Kranke und Rekonvaleszenten sollten auf Gerichte mit rohen oder nur leicht gegarten Eiern verzichten.
Die angegebenen Zeiten können von den tatsächlichen leicht abweichen, da je nach verwendeter Zubereitungsmethode und vorhandenem Herdtyp Schwankungen auftreten.

Inhalt

Einleitung	6
Suppen & Snacks	12
Schnell & leicht	32
Heiß & herzhaft	54
Kürbis für Gourmets	76
Register	96

EINLEITUNG

Kürbisse und Zucchini sind ein beliebtes Fruchtgemüse, das sich für eine Vielzahl verführerischer süßer und herzhafter Gerichte eignet. Nur wenige der überaus zahlreichen Kürbisarten sind ungenießbar. Sie werden als Zierkürbisse ausschließlich zu Dekorationszwecken eingesetzt.

Kürbisse, Zucchini, Gurken (Salat-, Einlege-, Schälgurken) und Melonen zählen zur gleichen Familie der Kürbisgewächse. Es gibt sie in vielen verschiedenen Formen, Farben und Größen.

Die sogenannten Winterkürbisse sind gut lagerfähig und schmecken erst bei Vollreife im Spätsommer bis Spätherbst. Sommerkürbisse – dazu gehören Zucchini – haben dagegen vom Hochsommer bis zur Herbstmitte Saison. Man verwendet sie mit der noch weichen Schale und muss sie schnell verwerten. In diesem Buch konzentrieren wir uns auf die beliebtesten Sorten, darunter Zucchini (Sommerkürbis), Butternut-Kürbis (Winterkürbis, der früh geerntet auch zum Frischverzehr geeignet ist) und verschiedene andere Winterkürbisse.

Bei zahlreichen Rezepten können die Sorten ausgetauscht werden. Ist in der Zutatenliste beispielsweise Butternut angegeben, und Sie bekommen nur Turbankürbis oder einen anderen Winterkürbis, können Sie auch diese verwenden. Bei den Sommerkürbissen ist die Sortenauswahl geringer, doch auch hier kann variiert werden.

BUNTE VIELFALT

Es gibt so viele verschiedene Kürbis- und Zucchinisorten, dass man unmöglich alle vorstellen kann. Die Grenze zwischen Sommer- und Winterkürbis ist außerdem fließend. Wird ein Winterkürbis früh geerntet und die Schale ist noch weich, kann er beispielsweise auch frisch verwertet werden. Allerdings verkürzt dies auch die Haltbarkeit. Informieren Sie sich am besten auf dem Gemüsemarkt oder beim Gärtner, und probieren Sie verschiedene Sorten aus.

SOMMERKÜRBISSE

Sommerkürbisse haben eine kürzere Vegetationszeit und werden jung geerntet, wenn sie noch eine dünne Schale, weiche Kerne und ein helles Fleisch mit mildem, manchmal etwas fadem Geschmack haben. In diesem Zustand muss man sie meist nicht schälen, und die Garzeit ist kurz. Junge Zucchini schmecken auch roh – gerieben, in dünne Scheiben oder lange Streifen gehobelt – in frischen Sommersalaten.

Am bekanntesten sind wahrscheinlich Zucchini, die es in verschiedenen Grün- und Gelbtönen gibt, oder Spaghetti-, Melonen- und Eichelkürbisse.

Sommerkürbisse harmonieren mit den verschiedensten Gemüsesorten, vor allem mit Tomaten, Paprika, Zwiebeln, Auberginen, Knoblauch, Chili, und Kräutern wie Basilikum, Oregano oder Minze. Dazu passt Olivenöl, Butter, herzhafter Käse wie Parmesan, Eier, Sahne, Ingwer, Zitrone und vieles mehr.

Nährstoffgehalt

Ernährungsphysiologisch wertvoll sind Sommerkürbisse als kalorienarmes Gemüse mit nennenswerten Mengen an Vitamin A und E. Sie können als natriumarme Kost bei Bluthochdruck eingesetzt werden.

ZUCCHINI

Zucchini zählen botanisch gesehen zu den Gartenkürbissen. Es gibt sie in verschiedenen Farben von Hell- bis Dunkelgrün, mit einfarbiger oder auch gesprenkelter Schale und hellem, zartem Fruchtfleisch. Gelbe Zucchini haben eine glatte, leuchtend gelbe Schale und blasses Fruchtfleisch.

Manchmal werden auf dem Markt Zucchiniblüten angeboten, die allerdings sehr schnell welken. Wer Zucchini selbst anbaut, kann aber einige männliche Blüten von ihren langen Stielen abknipsen und schnellstmöglich zubereiten. Männliche Blüten sind größer, länglicher und weniger zart als die weiblichen, unter denen sich die Früchte entwickeln. Sie können gefüllt oder in Teig getaucht und frittiert werden.

ZUCCHINI EINKAUFEN

Frische Zucchini haben eine feste, glänzende, glatte Schale. Sie sollten sich für ihre Größe schwer anfühlen und weder weiche Stellen noch sichtbare Schäden aufweisen. Kleine Zucchini schmecken roh ebenso gut wie gekocht, größere lassen sich gut füllen. Je nach Sorte können die Früchte gerade, leicht gebogen oder hakenförmig gekrümmt sein. Auch kleine, kugelrunde Zucchini werden manchmal angeboten.

GARTENKÜRBISSE

Lässt man Gartenkürbisse (Kennzeichen: eckiger Stiel) zu groß werden, wird die Schale hart und das Fleisch schmeckt fade und wässrig. Am besten erntet oder kauft man sie jung. Achten Sie auf eine unversehrte Schale, die sich nicht zäh anfühlt. Gartenkürbisse isst man am besten frisch, sie können aber auch an einem kühlen, dunklen Platz einige Wochen gelagert werden.

Sie eignen sich gut zum Füllen. Man kann sie auch in Würfel oder Scheiben schneiden (geschält, falls die Schale hart ist), in Butter oder Olivenöl dünsten und mit Knoblauch, Ingwer oder Chili würzen. Außerdem kann man aus Gartenkürbissen leckere Chutneys, Marmeladen und Ingwerkonfitüre herstellen.

SPAGHETTIKÜRBIS

Der zu den Gartenkürbissen zählende Spaghettikürbis wird im Ganzen gekocht oder gebacken. Brechen Sie dazu den Stängel ab, und stechen Sie die Schale am Stängelansatz tief ein, damit der Kürbis beim Garen nicht platzt und damit am Einstich Hitze eindringen kann. Nach etwa 40 Minuten ist das Fruchtfleisch gar. Halbieren Sie anschließend den Kürbis und lockern Sie das langfaserige Fleisch mit einer Gabel. Man kann den Kürbis auch halbieren und dämpfen. Spaghettikürbis wird mit Butter, geriebenem Käse und frisch gemahlenem Pfeffer oder mit einer Tomatensauce mit oder ohne Fleisch serviert. Abgekühlt schmecken die langen Fruchtfasern mit einer Vinaigrette auch als Salat.

WINTERKÜRBISSE

Winterkürbisse haben eine längere Vegetationszeit und werden größer als Sommerkürbisse. Ihre dickere feste Schale muss vor oder nach dem Garen entfernt werden. Das Fruchtfleisch ist aromatisch und fest und eignet sich für verschiedenste Gerichte. Entfernen Sie vor der Zubereitung des Kürbisses die meist ungenießbaren harten Kerne und die langen Fasern.

Winterkürbisse vorbereiten

Verwenden Sie zum Schälen von Winterkürbissen ein stabiles, scharfes Messer, eventuell eignet sich auch ein Sparschäler. Für einige Rezepte wird der Kürbis zuvor halbiert, in Spalten geschnitten oder im Ganzen gebacken. Danach ist die Schale weich und lässt sich leichter entfernen. Möglich ist auch, das gegarte Fleisch aus der Schale zu löffeln. Muss der Kürbis vor dem Garen geschält werden, schneidet man ihn zum Schälen am besten in handliche Spalten oder Scheiben.

Das Fruchtfleisch von Winterkürbissen ist meist dunkler als das der früher geernteten Sorten und hat häufig einen süßlich nussigen Geschmack. Je kräftiger der Gelb- oder Orangeton des Fleisches ist, desto süßer schmeckt es.

Gerichte mit Winterkürbissen

Eine Vielzahl an Rezepten bestätigt die Vielseitigkeit des Winterkürbisses. Man kann ihn schälen, entkernen und in kleinere Würfel, Scheiben oder Spalten schneiden oder – je nach Rezept – auch größere Stücke und Hälften verarbeiten. Er kann gedämpft oder gekocht (und anschließend oft püriert), aber auch kurz in Butter oder Olivenöl gebraten werden. Man kann ihn mit oder ohne Füllung in der Mikrowelle zubereiten, backen, rösten, schmoren und grillen. Das Aroma vieler Sorten entfaltet sich beim Backen allerdings besser als beim Kochen.

Winterkürbisse lassen sich geschmacklich gut kombinieren, zum Beispiel mit Tomaten, Peperoni, Knoblauch, Butter, Olivenöl, Parmesan und Sahne. Aber auch Kräuter wie Salbei, Koriander oder Rosmarin und Gewürze wie Ingwer, Zimt, Muskat, Fünf-Gewürze-Pulver oder Orange passen sehr gut zu Winterkürbissen wie auch Speck und dunkles Fleisch, zum Beispiel Rind oder Lamm, und vieles mehr.

Einkauf

Achten Sie beim Einkauf auf eine feste, dicke und unversehrte Schale. Der Kürbis muss schwer in der Hand liegen, sonst ist das Fruchtfleisch bereits ausgetrocknet. Er darf keine weichen Stellen aufweisen. Wer Kürbis in Stücken kauft, sollte unbedingt darauf achten, dass sie frisch zugeschnitten, kräftig gefärbt und feucht sind und keine weichen Ränder haben.

Lagerung

Winterkürbisse sollten nach der Ernte noch einige Tage in der Sonne nachreifen, damit ihre Schale sich härtet. Erst dann kann man sie einlagern. In einem kühlen, aber frostfreien Raum halten sich Butternut und andere Sorten mehrere Monate. Am besten schmecken sie aber kurz nach der Ernte. Ist ein Kürbis einmal angeschnitten, muss er zügig verbraucht werden, damit er nicht fault. Bedecken Sie die Schnittflächen mit Frischhaltefolie, und legen Sie die Kürbisstücke in den Kühlschrank.

Nährstoffgehalt

Hokkaidos, Butternut und andere Sorten enthalten wenig Fett und Kalorien, aber viele Ballaststoffe, Kalium sowie wertvolles Vitamin A und E (vor allem Butternut).

Geschichtliches

Seitdem Halloween auch in Deutschland populär geworden ist, scheint der Kürbis eine Renaissance zu erleben. Neben Dekorationszwecken entdeckt die Küche nun die kulinarischen Vorzüge dieses vielseitigen Fruchtgemüses. Kürbisse waren bereits vor etwa 8000 Jahren bei südamerikanischen Indios ein Hauptnahrungsmittel. Anfangs wurden aber wahrscheinlich nur die Samen gesammelt, die sehr viel Öl und Eiweiß enthalten, denn die Früchte der wilden Kürbisse sind bitter. Erst durch züchterische Auslese konnten die Bitterstoffe aus dem Fruchtfleisch entfernt werden. In Nord- und Südamerika liegt auch die Heimat der Speise- und Zierkürbisse, die mit den Seefahrern nach der Entdeckung Amerikas nach Europa kamen.

Botanisches

Alle Kürbissorten, die im Handel erhältlich sind, stammen von den drei Arten Garten-, Riesen- und Moschuskürbis ab. Obwohl Kürbisse eindeutig dem Gemüse zugeordnet werden, ist die Frucht botanisch gesehen doch eine Beere (Panzerbeere), und zwar die größte im Pflanzenreich. Viele Kürbisse bilden meterlange Sprosse, sodass die Pflanzen als Zierpflanzen zum Beispiel auch Pergolen beranken können. Allerdings dürfen es hier keine Sorten mit schweren Früchten sein.

KÜRBISKERNE

Kürbiskerne enthalten wertvolle Öle. Man kann sie rösten und an süße und herzhafte Gerichte geben, über einen frischen Salat streuen oder einfach nebenbei knabbern.

Beliebte Sorten

WINTERKÜRBISSE

Butternut (Sorte: Early Butternut) – rundlich birnenförmig mit strohgelber oder hellbrauner Schale und süßlichem Geschmack. Das cremige Fruchtfleisch eignet sich für Suppen, Saucen und Aufläufe.

Hubbard-Typen – verschiedene Sorten von Winterkürbissen, zu denen auch die Hokkaidos gehören.

Hokkaido (Sorten: Ushiki-Kuri, Nutty Delica, Golden Nugget) – recht groß und tropfenförmig. Fleisch und Schale dunkelorangefarben bis dunkelgrün. Schale von jüngeren Kürbissen essbar.

Turbankürbis (Sorte: Turban) – auch Türkenmütze genannt. Buckelige Schale und turbanartiger Auswuchs am Blütenende. Schale grün, cremeweiß, orangefarben und manchmal hellrot gestreift. Dunkelorangefarbenes, süßliches Fruchtfleisch.

Eichelkürbis (Sorten: Table Gold, Table Queen) – reift mittelspät bis spät. Die Schale variiert von Goldgelb bis Dunkelgrün, das Fruchtfleisch ist hell bis orangefarben und sehr schmackhaft.

SOMMERKÜRBISSE

Ufokürbis (Sorte Sunburst F1) – scheibenförmiger Kürbis mit gewelltem Rand. Schale gelb bis grün, Fruchtfleisch cremeweiß mit sehr mildem Geschmack. Kann immer geerntet werden.

Spaghettikürbis (Sorte: Stripetti) – gedrungen längliche oder ovale Form (ähnlich wie eine Honigmelone). Schale kräftig gelb, goldgelb oder cremeweiß. Das Fleisch bildet nach dem Garen ein Gewirr aus langen, spaghettiähnlichen Fäden. Es hat einen milden Geschmack.

Suppen & Snacks

Kürbissuppe

FÜR 4 PERSONEN

- 2 EL Olivenöl
- 1 Zwiebel, gehackt
- 1 Knoblauchzehe, gehackt
- 1 EL frisch gehackte Ingwerwurzel
- 1 kleine, rote Chili, entkernt und fein gehackt
- 2 EL frisch gehackter Koriander
- 1 Lorbeerblatt
- 1 kg Kürbis, geschält, entkernt und gewürfelt
- 600 ml Gemüsebrühe
- Salz und Pfeffer
- Schlagsahne, zum Garnieren

1 Das Öl in einem Topf bei mittlerer Temperatur erhitzen. Zwiebel und Knoblauch darin 4 Minuten unter gelegentlichem Rühren weich dünsten. Ingwer, Chili, Koriander, Lorbeerblatt und Kürbis zufügen und 3 Minuten mitdünsten.

2 Die Brühe zugießen und aufkochen. Aufsteigenden Schaum mit einem Schaumlöffel abschöpfen. Die Hitze reduzieren und 25 Minuten unter gelegentlichem Rühren köcheln lassen, bis der Kürbis weich ist. Vom Herd nehmen, das Lorbeerblatt herausnehmen und die Suppe etwas abkühlen lassen.

3 Die Suppe – eventuell in zwei Portionen – in einem Mixer glatt pürieren. Das Püree in den ausgespülten Topf geben und mit Salz und Pfeffer abschmecken. Unter gelegentlichem Rühren behutsam erhitzen. Vom Herd nehmen, in 4 vorgewärmte Suppentassen füllen und jeweils mit einer Sahnespirale verzieren.

Tomatensuppe mit Kürbis & roten Bohnen

FÜR 4–6 PERSONEN

- 250 g getrocknete Kidneybohnen
- 1 EL Olivenöl
- 2 Zwiebeln, fein gehackt
- 4 Knoblauchzehen, fein gehackt
- 1 Selleriestange, in dünne Scheiben geschnitten
- 1 Karotte, längs halbiert und in dünne Scheiben geschnitten
- 1,2 l Wasser
- 2 TL Tomatenmark
- $^{1}/_{8}$ TL getrockneter Thymian
- $^{1}/_{8}$ TL getrockneter Oregano
- $^{1}/_{8}$ TL gemahlener Kreuzkümmel
- 1 Lorbeerblatt
- 400 g gewürfelte Tomaten aus der Dose
- 250 g Kürbisfleisch, gewürfelt
- $^{1}/_{4}$ TL Chilipaste (oder nach Belieben)
- Salz und Pfeffer

1 Die Bohnen verlesen, mit reichlich kaltem Wasser bedecken und 6 Stunden oder über Nacht einweichen. Abgießen, in einen Topf geben und so viel kaltes Wasser zugießen, dass es die Bohnen 5 cm bedeckt. Aufkochen, 10 Minuten kochen, abgießen und abspülen.

2 Das Öl bei mittlerer Temperatur in einem großen Topf erhitzen. Die Zwiebeln darin abgedeckt 3–4 Minuten unter gelegentlichem Rühren weich dünsten. Knoblauch, Sellerie und Karotte zugeben und alles noch weitere 2 Minuten dünsten.

3 Wasser, abgetropfte Bohnen, Tomatenmark, Thymian, Oregano, Kreuzkümmel und Lorbeerblatt zugeben. Wenn die Suppe kocht, die Hitze reduzieren. Abgedeckt 1 Stunde unter gelegentlichem Rühren köcheln lassen.

4 Tomaten, Kürbis und Chilipaste einrühren und noch 1 Stunde unter gelegentlichem Rühren köcheln lassen, bis die Bohnen und der Kürbis gar sind.

5 Mit Salz, Pfeffer und nach Belieben etwas Chilipaste abschmecken. In Suppentassen füllen und servieren.

Kürbissuppe mit Süßkartoffeln & Knoblauch

FÜR 6–8 PERSONEN

- 350 g Süßkartoffeln
- 1 Eichelkürbis
- 4 Schalotten
- 2 EL Olivenöl
- 5–6 Knoblauchzehen, ungeschält
- 850 ml Hühnerbrühe
- Salz und Pfeffer
- 125 g Schlagsahne
- Schnittlauchröllchen, zum Garnieren

1 Den Backofen auf 190 °C vorheizen.

2 Süßkartoffeln, Kürbis und Schalotten längs halbieren und die Kerne aus dem Kürbis schaben. Die Schnittflächen des Gemüses mit Öl bestreichen.

3 Das Gemüse mit den Schnittflächen nach unten in einen flachen Bräter legen. Die Knoblauchzehen zufügen. Etwa 40 Minuten im Ofen goldbraun backen.

4 Abkühlen lassen. Das Fruchtfleisch aus Süßkartoffeln und Kürbis schaben und mit den Schalotten in einen Topf geben. Den Knoblauch schälen und zum Gemüse geben.

5 Die Brühe und eine Prise Salz zufügen. Kurz aufkochen, dann die Hitze reduzieren und bei halb geschlossenem Deckel unter gelegentlichem Rühren 30 Minuten köcheln lassen, bis das Gemüse gar ist.

6 Die Suppe leicht abkühlen lassen. Den Kochsud abgießen und auffangen. Das Gemüse mit etwas Sud in einem Mixer glatt pürieren. Falls nötig, in mehreren Portionen arbeiten. Dann den restlichen Sud unterrühren.

7 Die Suppe in den ausgespülten Topf geben und die Sahne einrühren. Mit Salz und Pfeffer abschmecken. 5–10 Minuten bei niedriger Temperatur erwärmen. In vorgewärmte Suppentassen füllen, mit Pfeffer und Schnittlauchröllchen garnieren und servieren.

Zucchinisuppe mit Curry

FÜR 4 PERSONEN

- 2 TL Butter
- 1 große Zwiebel, fein gehackt
- 900 g Zucchini, in Scheiben geschnitten
- 450 ml Hühner- oder Gemüsebrühe
- 1 TL Currypulver
- Salz und Pfeffer
- 125 g saure Sahne, plus etwas mehr zum Garnieren

1 Die Butter in einem großen Topf bei mittlerer Temperatur zerlassen. Die Zwiebel zugeben und 3 Minuten weich dünsten.

2 Zucchini, Brühe und Currypulver sowie eine gute Prise Salz (nur bei Verwendung salzloser Brühe) zufügen. Die Suppe aufkochen, die Hitze reduzieren und 25 Minuten abgedeckt köcheln lassen, bis das Gemüse gar ist.

3 Die Suppe leicht abkühlen lassen, dann den Kochsud abgießen und auffangen. Das Gemüse mit etwas Sud in einem Mixer so weit pürieren, dass noch grüne Sprenkel sichtbar sind. Falls nötig, in Portionen arbeiten. Den restlichen Sud wieder unterrühren.

4 Die Suppe in den ausgespülten Topf geben, die Sahne einrühren und bei niedriger Temperatur vorsichtig erhitzen. Nicht mehr kochen.

5 Bei Bedarf nachwürzen. In vorgewärmte Suppentassen füllen, mit etwas Sahne garnieren und servieren.

Butternut-Kürbissuppe mit Porree

FÜR 4–6 PERSONEN

- 2 EL Olivenöl
- 1 rote oder weiße Zwiebel, gehackt
- 220 g Porree, in dünne Ringe geschnitten
- 2 TL gemahlener Kreuzkümmel
- 2 TL gemahlener Koriander
- 1 Butternut-Kürbis (ca. 700 g), geschält, entkernt und gewürfelt (ca. 450 g Fruchtfleisch)
- 1,2 l Gemüsebrühe
- Salz und Pfeffer
- frisch gehackte Koriander- oder Petersilienblätter, zum Garnieren

1 Das Olivenöl in einem großen Topf erhitzen. Zwiebel und Porree darin 5 Minuten weich dünsten. Die gemahlenen Gewürze zufügen und 1 Minute unter gelegentlichem Rühren mitdünsten.

2 Kürbis und Brühe einrühren. Mit Salz und Pfeffer abschmecken, abdecken und aufkochen. Die Hitze reduzieren und 25 Minuten unter gelegentlichem Rühren köcheln lassen, bis das Gemüse gar ist.

3 Vom Herd nehmen und leicht abkühlen lassen. Die Suppe mit einem Mixer glatt pürieren. Behutsam nochmals erwärmen, dabei umrühren. In vorgewärmte Suppentassen füllen, mit den gehackten Kräutern bestreuen und servieren.

Mini-Pfannkuchen mit Kürbis, Tomaten & Parmaschinken

FÜR 4 PERSONEN

Pfannkuchen

- 130 g geschälter Butternut-Kürbis
- 60 g fettarmer Naturjoghurt
- 1 TL Ahornsirup
- 1 Prise Cayennepfeffer
- 1 TL Rapsöl oder Pflanzenöl, plus etwas mehr zum Braten
- 1 Prise Backpulver
- 10 g Vollkornmehl
- 1 Eiweiß, leicht verquirlt

Belag

- 300 g Mini-Romatomaten
- 2 EL Balsamico-Essig
- 1 TL Ahornsirup
- 1 TL fein gehackter Thymian
- 4 dünne Scheiben Parmaschinken ohne sichtbares Fett

1 Den Backofen auf 180 °C vorheizen.

2 Für die Pfannkuchen den geschälten Kürbis halbieren und die Kerne herausschaben. Das Fruchtfleisch in grobe Würfel schneiden und auf ein beschichtetes Backblech legen. 15–20 Minuten im Ofen backen, bis der Kürbis gar ist. Nicht bräunen.

3 Mit einem Pürierstab den Kürbis zusammen mit Joghurt, Ahornsirup, Cayennepfeffer, Öl und Backpulver in einer Schüssel pürieren. Alternativ einen Mixer verwenden. Das Mehl einrühren, dann das Eiweiß vorsichtig unterheben.

4 Eine beschichtete Pfanne dünn mit Öl einsprühen und erhitzen, bis das Öl zu rauchen beginnt. Einen gestrichenen Esslöffel Teig hineingeben und braten, bis sich Blasen auf der Oberfläche bilden. Den Pfannkuchen wenden und weitere 1–2 Minuten braten. Den übrigen Teig ebenso verarbeiten. Pro Portion brauchen Sie 3 Pfannkuchen.

5 Inzwischen den Backofengrill vorheizen. Die Tomaten halbieren. Mit Essig, Ahornsirup und Thymian vermischen, auf ein beschichtetes Backblech legen und 4 Minuten grillen. Den Parmaschinken an den Rand des Blechs legen und alles noch weitere 2 Minuten grillen, bis der Schinken knusprig ist.

6 Die Pfannkuchen mit den Tomaten und dem Schinken belegen. Mit dem Bratensaft beträufeln und servieren.

Salat mit Zucchinistreifen

FÜR 4–6 PERSONEN

Dressing
- 4 EL natives Olivenöl extra
- 1 EL frisch gepresster Zitronensaft oder Weißweinessig
- 1/2–1 TL Dijon-Senf
- 1 kleine Knoblauchzehe, zerdrückt (nach Belieben)
- Salz und Pfeffer

Salat
- 2 grüne Zucchini (ca. 280 g)
- 2 gelbe Zucchini (ca. 280 g)
- 1 große Karotte (ca. 200 g), geschält
- 120 g Radieschen, in dünne Scheiben geschnitten
- 4–6 Frühlingszwiebeln, gehackt
- 2–3 EL frisch gehackte Basilikumblätter
- frische Parmesanspäne, zum Garnieren (nach Belieben)

1 Für das Dressing Olivenöl, Zitronensaft oder Weißweinessig, Senf und Knoblauch in einer Schüssel gründlich verrühren. Mit Salz und Pfeffer würzen, dann beiseitestellen.

2 Mit einem Sparschäler von den Zucchini in Längsrichtung lange, dünne Streifen abschneiden und in eine Salatschüssel geben. Das Kerngehäuse nicht verwenden.

3 Von der Karotte ebenso lange, dünne Streifen abschneiden und zu den Zucchini geben. Radieschen, Frühlingszwiebeln und Basilikum zufügen und alles vorsichtig mischen.

4 Das Dressing nochmals verrühren und über den Salat gießen. Vorsichtig mischen. Nach Belieben mit Parmesanspänen garnieren und sofort servieren.

Kürbis mit Honigglasur

FÜR 4 PERSONEN

- 40 g Butter
- 3 EL flüssiger Honig
- 500 g Winterkürbisfleisch, in 2 cm große Würfel geschnitten
- 1 TL frisch gehackter Thymian
- Salz und Pfeffer
- frische Thymianzweige, zum Garnieren

1 Die Butter mit dem Honig in einer beschichteten Pfanne vorsichtig zerlassen. Kürbiswürfel und Thymian zugeben, mit Salz und Pfeffer würzen und umrühren. Bei mittlerer Temperatur 8–10 Minuten anbraten. Regelmäßig wenden, bis die Kürbiswürfel gar und rundum glasiert sind. Die Glasur dickt allmählich ein und bleibt an den Kürbiswürfeln haften.

2 Mit Thymianzweigen garnieren und servieren. Das Gemüse kann auch als Beilage zu einem Hauptgericht gereicht werden.

Paprika-Zucchini-Türmchen

FÜR 6 PERSONEN

- 2 TL Olivenöl, plus etwas mehr zum Einfetten
- 1 kleine rote Paprika, fein gehackt
- 120 g Zucchini, fein gehackt
- 1 Knoblauchzehe, zerdrückt
- 20 g getrocknete Tomaten in Öl (Abtropfgewicht), trocken getupft und fein gehackt
- 1–2 EL frisch gehackte Basilikumblätter, plus etwas mehr zum Garnieren
- 4 EL grünes Pesto (Fertigprodukt)
- 18 frische Blinis (je ca. 5–6 cm Durchmesser)
- 50 g Mozzarella oder Gouda, gerieben
- 20 g frisch geriebener Parmesan
- Salz und Pfeffer
- 5 EL saure Sahne oder Crème fraîche, zum Servieren

1 Den Backofen auf 180 °C vorheizen. Ein Backblech leicht einölen und beiseitestellen. Das Olivenöl in einem kleinen Topf bei mittlerer Temperatur erhitzen. Paprika, Zucchini und Knoblauch darin 4–5 Minuten anbraten. Vom Herd nehmen. Tomaten und Basilikum einrühren und alles mit Salz und Pfeffer würzen, dann beiseitestellen.

2 Die Blinis auf einer Seite mit je 1/2 Teelöffel Pesto bestreichen. Einen Blini mit der bestrichenen Seite nach oben auf ein Brett legen. Einen Esslöffel sautiertes Gemüse daraufgeben und glatt streichen. Mit etwas Mozzarella oder Gouda bestreuen. Einen zweiten Blini mit der bestrichenen Seite nach oben daraufsetzen, wieder Gemüse und Mozzarella daraufgeben und alles mit einem dritten Blini (bestrichene Seite nach oben) abdecken. Die Türmchen auf das vorbereitete Backblech legen. Insgesamt 6 solcher Türmchen vorbereiten.

3 Den Parmesan gleichmäßig auf den Blinis verteilen. 8–10 Minuten überbacken, bis die Blinis heiß sind und der Käse zu schmelzen beginnt. Inzwischen die saure Sahne in einer kleinen Schüssel mit dem restlichen Pesto verrühren.

4 Die überbackenen Blini-Türmchen mit Basilikum bestreuen und heiß mit einem Löffel Pesto-Sahne servieren.

Schnell & leicht

Couscous-Salat mit geröstetem Butternut-Kürbis

FÜR 4 PERSONEN

- 2 EL Honig
- 4 EL Olivenöl
- 1 Butternut-Kürbis, geschält, entkernt und in 2 cm große Würfel geschnitten
- 250 g Couscous
- 400 ml salzarme Gemüsebrühe
- $^1/_2$ Salatgurke, gewürfelt
- 1 Zucchini, gewürfelt
- 1 rote Paprika, gewürfelt
- Saft von $^1/_2$ Zitrone
- Salz und Pfeffer
- 2 EL frisch gehackte Petersilie, zum Garnieren

1 Den Backofen auf 190 °C vorheizen. Die Hälfte des Honigs in einer großen Schüssel mit 1 Esslöffel Öl verrühren. Den Kürbis zugeben und in der Mischung wenden. Auf einem Backblech verteilen und im Ofen 30–40 Minuten backen, bis der Kürbis weich und goldbraun ist.

2 Inzwischen den Couscous in eine hitzebeständige Schüssel geben. Die Brühe in einem Topf erhitzen und über den Couscous gießen. Abdecken und 3 Minuten quellen lassen. 1 Esslöffel Öl zugeben und den Couscous mit einer Gabel auflockern. Gurke, Zucchini und Paprika zugeben und alles vermengen. Abdecken und warm halten.

3 Den restlichen Honig und das restliche Öl mit Zitronensaft verrühren. Mit Salz und Pfeffer abschmecken und die Mischung unter den Couscous rühren.

4 Die Kürbiswürfel auf dem Couscous anrichten, mit Petersilie bestreuen und servieren.

Gerösteter Butternut-Kürbis

FÜR 4 PERSONEN

- 1 Butternut-Kürbis (ca. 450 g)
- 1 Zwiebel, gehackt
- 2–3 Knoblauchzehen, zerdrückt
- 4 kleine Tomaten, gehackt
- 80 g braune Champignons, gehackt
- 80 g weiße Bohnen aus der Dose, abgetropft, abgespült und grob gehackt
- 120 g Zucchini, geschält und geraspelt
- 1 EL frisch gehackter Oregano, plus etwas mehr zum Garnieren
- Pfeffer
- 2 EL Tomatenmark
- 300 ml Wasser
- 4 Frühlingszwiebeln, gehackt
- 1 EL Worcestersauce oder 1 Spritzer Tabasco (nach Belieben)

1 Den Backofen auf 190 °C vorheizen. Den Kürbis rundum mit einem Metallspieß anstechen, dann 40 Minuten im Ofen garen. Aus dem Ofen nehmen und etwas abkühlen lassen.

2 Den Kürbis halbieren und die Kerne entfernen. Etwas Fruchtfleisch herausschaben, um die Hälften auszuhöhlen. Das ausgelöste Fruchtfleisch hacken und in eine Schüssel geben. Die beiden Hälften nebeneinander in einen großen Bräter legen.

3 Zwiebel, Knoblauch, Tomaten und Champignons zum Kürbisfleisch geben. Bohnen, Zucchini, Oregano und Pfeffer zufügen und alles mischen. Die Füllung in die Kürbishälften geben und gut andrücken.

4 Tomatenmark mit Wasser, Frühlingszwiebeln und Worcestersauce oder Tabasco verrühren und um den Kürbis in den Bräter gießen.

5 Locker mit einem großen Stück Alufolie abdecken und 30 Minuten im Ofen garen. Auf vorgewärmten Tellern anrichten, mit Oregano garnieren und servieren.

Butternut-Kürbis aus dem Wok

FÜR 4 PERSONEN

- 1 kg Butternut-Kürbis, geschält und entkernt
- 3 EL Erdnussöl
- 1 Zwiebel, in Ringe geschnitten
- 2 Knoblauchzehen, zerdrückt
- 1 TL Koriandersamen
- 1 TL Kreuzkümmelsamen
- 2 EL frisch gehackter Koriander
- 150 ml Kokosmilch
- 100 ml Wasser
- 100 g gesalzene Cashewkerne

Zum Garnieren

- abgeriebene Limettenschale
- frischer Koriander

1. Den Kürbis mit einem scharfen Messer in mundgerechte Würfel schneiden.
2. Einen Wok vorheizen, dann das Erdnussöl darin erhitzen.
3. Butternut-Kürbis, Zwiebel und Knoblauch zufügen und 5 Minuten unter ständigem Rühren braten.
4. Koriandersamen, Kreuzkümmelsamen und gehackten Koriander zugeben und alles 1 weitere Minute braten.
5. Kokosmilch und Wasser zugießen und aufkochen. Abdecken und 10–15 Minuten köcheln lassen, bis der Kürbis gar ist.
6. Die Cashewkerne zufügen und unterrühren.
7. Auf vorgewärmten Tellern anrichten, mit Limettenschale und Korianderblättern garnieren und sofort servieren.

Gefüllter Kürbis mit Gruyère

FÜR 4 PERSONEN

- 1 großer Kürbis
- 300 g Crème double
- 3 Knoblauchzehen, in dünne Scheiben geschnitten
- Salz und Pfeffer
- 1 EL frische Thymianblätter
- 125 g Gruyère, gerieben

1 Den Backofen auf 180 °C vorheizen.

2 Das obere Viertel des Kürbisses abschneiden, um einen Deckel zu erhalten. Die Kerne herausschaben. Den Kürbis in eine große, hohe Auflaufform setzen. Crème double und Knoblauch in einem Topf bis kurz vor den Siedepunkt erhitzen. Vom Herd nehmen, mit Salz und Pfeffer abschmecken, dann den Thymian einrühren. Die Mischung in den Kürbis gießen und den Deckel aufsetzen.

3 Etwa 1 Stunde im Ofen backen, bis der Kürbis gar ist. Die genaue Garzeit hängt von der Größe des Kürbisses ab. Nicht zu lange garen, sonst fällt der Kürbis zusammen. Aus dem Ofen nehmen, den Deckel abnehmen und den Gruyère hineinstreuen. Wieder in den Ofen schieben und weitere 10 Minuten backen.

4 Das weiche Kürbisfleisch auf vorgewärmte Teller geben, mit einem Löffel der Käse-Sahne anrichten und sofort servieren.

Gegrillte Kürbisspalten mit Ziegenkäse & Schinken

FÜR 4 PERSONEN

- 300 g Kürbisfleisch, in dünne Spalten oder Scheiben geschnitten
- 1 rote oder gelbe Paprika, in Streifen geschnitten
- 1 kleine rote Zwiebel, in dünne Ringe geschnitten
- 3 EL Olivenöl
- 1 EL frisch gepresster Zitronensaft
- 1 TL Dijon-Senf
- Salz und Pfeffer
- 100 g Ziegenkäserolle, in 8 dünne oder 4 dickere Scheiben geschnitten
- 4 dünne Scheiben Katen- oder Parmaschinken

1 Den Backofengrill vorheizen. Den Grillrost mit Alufolie abdecken und beiseitelegen. Kürbis, Paprika und Zwiebel in eine große Schüssel geben. In einer kleinen Schüssel Olivenöl, Zitronensaft, Senf, Salz und Pfeffer gut verrühren. Die Ölmischung über das Gemüse gießen und vorsichtig mischen.

2 Das Gemüse in einer Schicht auf dem vorbereiteten Rost verteilen und 10–15 Minuten grillen. Nach der halben Garzeit wenden. Wer es lieber bissfest mag, verkürzt die Garzeit um einige Minuten.

3 Das gegrillte Gemüse auf 4 vorgewärmte, hitzebeständige Teller verteilen und mit dem Saft (sofern vorhanden) beträufeln. Auf jede Portion 1–2 Scheiben (je nach Dicke) Ziegenkäse legen und kurz grillen, bis der Käse zu schmelzen beginnt. Jede Portion mit einer Scheibe Schinken anrichten und sofort servieren.

Kürbis-Soufflé

FÜR 4–6 PERSONEN

- 350 g Kürbisfleisch, gewürfelt
- 25 g Butter, gewürfelt, plus etwas mehr zum Einfetten
- 2 EL frisch geriebener Parmesan
- 25 g Mehl
- 250 ml Milch
- 4 Eier, getrennt, plus 1 Eiweiß
- 120 g reifer Gouda, fein gerieben
- 1 TL Dijon-Senf
- Salz und Pfeffer

1 Den Kürbis in einem Topf mit kochendem Wasser etwa 10 Minuten garen. Abgießen, das Fruchtfleisch zerdrücken und beiseitestellen.

2 Den Backofen auf 190 °C vorheizen. Eine Soufflé-Form (2,5 Liter) mit Butter einfetten. Boden und Rand gleichmäßig mit Parmesan bestreuen und beiseitestellen. Butter, Mehl und Milch in einem Topf langsam unter ständigem Rühren erhitzen, bis die Mischung eindickt. 3 Minuten unter ständigem Rühren köcheln lassen.

3 Die Sauce in eine große Schüssel geben und den zerdrückten Kürbis unterrühren. Nacheinander Eigelb, 100 g Gouda und Senf einrühren. Mit Salz und Pfeffer würzen. Ein Backblech zum Vorheizen in den Ofen schieben. Das Eiweiß in einer sauberen, trockenen Schüssel steif schlagen und unter die Kürbismasse heben.

4 Die Masse vorsichtig in die vorbereitete Form füllen und mit dem restlichen Gouda bestreuen. Die Form auf das Backblech im Ofen stellen und 20–30 Minuten backen, bis das Soufflé aufgegangen und goldbraun ist und die Kruste auf Druck noch leicht nachgibt. Sofort servieren.

Thailändisches Hähnchen mit Zucchini

FÜR 4 PERSONEN

- 1 EL Olivenöl
- 1 Knoblauchzehe, fein gehackt
- 2,5-cm-Stück frische Ingwerwurzel, fein gehackt
- 1 kleine, frische rote Chili, entkernt und fein gehackt
- 350 g Hähnchenbrustfilet, in Streifen geschnitten
- 1 EL Sieben-Gewürze-Pulver
- 1 rote und 1 gelbe Paprika, in Streifen geschnitten
- 2 Zucchini, in dünne Scheiben geschnitten
- 230 g Bambussprossen aus der Dose, abgetropft
- 2 EL trockener Sherry oder Apfelsaft
- 1 EL helle Sojasauce
- Salz und Pfeffer
- 2 EL frisch gehackter Koriander, plus ganze Blätter zum Garnieren

1 Das Olivenöl in einem Wok oder einer großen Pfanne erhitzen. Knoblauch, Ingwer und Chili darin unter ständigem Rühren 30 Sekunden anbraten, bis die Gewürze zu duften beginnen.

2 Das Fleisch mit dem Sieben-Gewürze-Pulver zufügen und unter ständigem Rühren 4 Minuten rundum braun anbraten. Paprika und Zucchini zugeben und 1–2 Minuten mitbraten, bis sie weich sind.

3 Die Bambussprossen zufügen und alles noch weitere 2–3 Minuten braten, bis das Fleisch gar ist. Sherry oder Apfelsaft, Sojasauce, Salz und Pfeffer zugeben und 1–2 Minuten kochen.

4 Den gehackten Koriander unterrühren, mit einigen Korianderblättern garnieren und sofort servieren.

Frittierte Zucchiniblüten

FÜR 4–6 PERSONEN

- 100 g Mehl
- 1 TL Backpulver
- 1 EL natives Olivenöl extra
- 1 Ei, verquirlt
- 200–250 ml eiskaltes Wasser
- Salz und Pfeffer
- Olivenöl, zum Frittieren
- 16–20 Zucchiniblüten
- grobes Meersalz
- Zitronenspalten, zum Servieren

1 Mehl und Backpulver in eine Schüssel sieben. Olivenöl und Ei zufügen und alles vermischen. So viel Wasser unterrühren, dass ein Teig von dickflüssiger Konsistenz entsteht. Die genaue Wassermenge hängt von der verwendeten Mehltype ab. Mit Salz und etwas Pfeffer würzen.

2 Reichlich Öl in eine große Pfanne oder einen Wok gießen und bei hoher Temperatur erhitzen. Die Zucchiniblüten kurz in den Teig tauchen, dann portionsweise in dem heißen Öl 2–4 Minuten frittieren, bis sie knusprig und goldbraun sind. Mit einem Schaumlöffel aus dem Öl nehmen und auf Küchenpapier abtropfen lassen. Mit Meersalz bestreuen, mit Zitronenspalten zum Beträufeln anrichten und sofort servieren.

Zucchini-Frittata mit Karotten & Tomaten

FÜR 4 PERSONEN

- 1 EL Olivenöl
- 1 Zwiebel, in dünne Spalten geschnitten
- 1–2 Knoblauchzehen, zerdrückt
- 2 Eier
- 2 Eiweiß
- 80 g Zucchini, geraspelt
- 120 g Karotten, geraspelt
- 2 Tomaten, gehackt
- Pfeffer
- 1 EL frisch gehackte Basilikumblätter, zum Bestreuen

1 Das Öl in einer großen, beschichteten Pfanne erhitzen. Zwiebel und Knoblauch darin 5 Minuten unter häufigem Rühren anbraten. Eier und Eiweiß in einer Schüssel verquirlen und in die Pfanne gießen. Mit einem Holzspatel die Eimasse vom Rand zur Mitte ziehen.

2 Wenn die Eier anfangen zu stocken, Zucchini, Karotten und Tomaten darauf verteilen. Mit Pfeffer würzen und bei niedriger Temperatur weitergaren, bis die Eimasse ganz gestockt ist. Der genaue Gargrad hängt vom persönlichen Geschmack ab.

3 Die Frittata mit gehacktem Basilikum bestreuen, in Viertel schneiden und servieren.

Gegrillte Zucchini-Bruschetta

FÜR 4 PERSONEN

- 1 EL Olivenöl, plus etwas mehr zum Beträufeln
- 1/2 TL gemahlener Kreuzkümmel
- Salz und Pfeffer
- 300 g Zucchini, quer halbiert und längs in dünne Scheiben geschnitten
- 1 rote Zwiebel, in dünne Ringe geschnitten
- 2 große Roma- oder Strauchtomaten, in je 4 dicke Scheiben geschnitten
- 8 Scheiben Ciabatta oder Baguette (je 2 cm dick)
- 1 Knoblauchzehe, halbiert

1 In einer großen Schüssel Olivenöl, Kreuzkümmel, Salz und Pfeffer verrühren. Zucchini und Zwiebel zugeben und alles gut vermischen. Eine beschichtete Grillpfanne mit geriffeltem Boden bei mittlerer Temperatur erhitzen. Eine Schicht Zucchini und Zwiebel hineingeben und 6–8 Minuten braten, bis sie leicht gebräunt und gar sind. Gelegentlich wenden. Aus der Pfanne nehmen und warm stellen, dann das restliche Gemüse ebenso zubereiten, aus der Pfanne nehmen und warm stellen.

2 Die Tomatenscheiben in die Pfanne geben und von jeder Seite 1 Minute braten. Herausnehmen und warm halten. Tomatenkerne mit Küchenpapier vom Pfannenboden entfernen. Die Brotscheiben in der Pfanne von beiden Seiten rösten, dann aus der Pfanne nehmen und auf vorgewärmte Teller legen.

3 Das geröstete Brot auf einer Seite mit den Schnittflächen der Knoblauchzehe einreiben und mit etwas Olivenöl beträufeln. Das gegrillte Gemüse darauf verteilen und sofort servieren.

Heiß & herzhaft

Kürbistopf mit Hähnchen & Chorizo

FÜR 4 PERSONEN

- 3 EL Olivenöl
- 2 Hähnchen (insgesamt 2,25 kg), in 8 Stücke zerteilt und mit Mehl bestäubt
- 200 g frische Chorizo, in dicke Scheiben geschnitten
- 1 kleines Bund Salbei
- 1 Zwiebel, gehackt
- 6 Knoblauchzehen, in Scheiben geschnitten
- 2 Selleriestangen, in Scheiben geschnitten
- 1 kleiner Butternut-Kürbis, geschält, entkernt und grob gewürfelt
- 200 ml trockener Sherry
- 600 ml Hühnerbrühe
- 400 g Tomaten, gehackt
- 2 Lorbeerblätter
- Salz und Pfeffer
- 1 EL frisch gehackte glatte Petersilie, zum Garnieren

1 Den Backofen auf 180 °C vorheizen.

2 Das Olivenöl in einem Bräter erhitzen. Hähnchenfleisch und Chorizo mit Salbeiblättern – eventuell in zwei Portionen – darin goldbraun anbraten. Mit einem Schaumlöffel aus dem Bräter nehmen und beiseitestellen.

3 Zwiebel, Knoblauch, Sellerie und Kürbis in den Bräter geben und 20 Minuten goldbraun anbraten.

4 Sherry, Hühnerbrühe, Tomaten und Lorbeerblätter zugeben. Mit Salz und Pfeffer würzen.

5 Hähnchenfleisch, Chorizo und Salbei wieder in den Bräter geben und abgedeckt 1 Stunde im Ofen garen.

6 Aus dem Ofen nehmen, die gehackte Petersilie unterrühren und sofort servieren.

Kürbis-Curry

FÜR 4 PERSONEN

- 150 ml Pflanzenöl
- 2 Zwiebeln, in Ringe geschnitten
- 1/2 TL weiße Kreuzkümmelsamen
- 500 g Kürbisfleisch, gewürfelt
- 1 TL getrocknetes Mangopulver
- 1 TL fein gehackte, frische Ingwerwurzel
- 1 TL zerdrückter Knoblauch
- 1 TL zerstoßene, getrocknete, rote Chili
- 1/2 TL Salz
- 300 ml Wasser
- Chapati- oder Naan-Brot, zum Servieren

1 Das Pflanzenöl in einer großen Pfanne mit Deckel erhitzen. Zwiebeln und Kreuzkümmelsamen darin 5 Minuten unter gelegentlichem Rühren anbraten, bis die Zwiebeln goldbraun sind und der Kreuzkümmel zu duften beginnt.

2 Die Kürbiswürfel zufügen und bei mittlerer Temperatur unter ständigem Rühren 3–5 Minuten mitbraten.

3 Mangopulver, Ingwer, Knoblauch, Chili und Salz mischen, in die Pfanne geben und gut mit dem Gemüse verrühren.

4 Das Wasser zugießen, die Pfanne abdecken und alle Zutaten bei mittlerer Temperatur unter gelegentlichem Rühren 10–15 Minuten garen.

5 Auf Tellern anrichten und mit Chapati- oder Naan-Brot servieren.

Penne mit Kürbissauce

FÜR 4 PERSONEN

- 50 g Butter
- 120 g Zwiebeln oder Schalotten, sehr fein gehackt
- Salz und Pfeffer
- 800 g Kürbis
- 1 Prise frisch geriebene Muskatnuss
- 350 g Penne
- 200 g Schlagsahne
- 4 EL frisch geriebener Parmesan, plus etwas mehr zum Servieren
- 2 EL frisch gehackte glatte Petersilie

1 Die Butter in einer Pfanne mit Deckel bei niedriger Temperatur zerlassen. Die Zwiebeln zufügen, mit etwas Salz bestreuen und abgedeckt unter häufigem Rühren 25–30 Minuten garen.

2 Den Kürbis schälen, die Kerne entfernen und das Fruchtfleisch fein hacken. Den Kürbis in die Pfanne geben und mit Muskatnuss würzen. Abgedeckt bei niedriger Temperatur unter gelegentlichem Rühren 45 Minuten garen.

3 Inzwischen in einem großen Topf leicht gesalzenes Wasser aufkochen. Die Nudeln zufügen, wieder zum Kochen bringen und 8–10 Minuten (oder nach Packungsanweisung) al dente garen. Abgießen, dabei 150 ml des Kochsuds auffangen.

4 Sahne, Käse und Petersilie unter die Kürbissauce rühren. Mit Salz und Pfeffer abschmecken. Wenn die Sauce zu dick ist, etwas von dem aufgefangenen Kochsud unterrühren. Die Nudeln in die Sauce geben und alles gut vermengen. Sofort servieren. Parmesan zum Bestreuen dazu reichen.

Schmortopf mit Wurzelgemüse & Kürbis

FÜR 4–6 PERSONEN

- 1 Zwiebel, in Ringe geschnitten
- 2 Porreestangen, in Ringe geschnitten
- 2 Selleriestangen, gehackt
- 2 Karotten, in dünne Scheiben geschnitten
- 1 rote Paprika, in Streifen geschnitten
- 220 g Kürbisfleisch, gewürfelt
- 450 g gemischtes Wurzelgemüse (z. B. Pastinaken, Süßkartoffeln, Steckrüben), gewürfelt
- 400 g gewürfelte Tomaten aus der Dose
- 150–200 ml herber Cidre
- 2 TL getrocknete Kräuter der Provence
- Salz und Pfeffer
- frisch gehackte Kräuter, zum Garnieren

1. Den Backofen auf 180 °C vorheizen. Zwiebel, Porree, Sellerie, Karotten, Paprika, Kürbis und Wurzelgemüse in einem großen Bräter gut vermischen. Die Tomaten, 150 ml Cidre und die getrockneten Kräuter unterrühren. Mit Salz und Pfeffer würzen.

2. Abgedeckt auf mittlerer Schiene $1\frac{1}{4}$–$1\frac{1}{2}$ Stunden im Ofen backen, bis das Gemüse weich ist. Zwischendurch ein- oder zweimal umrühren und bei Bedarf noch etwas Cidre zugießen. Mit frisch gehackten Kräutern bestreuen und servieren.

Spinat & Butternut-Kürbis aus dem Ofen

FÜR 2 PERSONEN

- 250 g geschälter Butternut-Kürbis, entkernt und gewürfelt
- 2 kleine rote Zwiebeln, in je 8 Spalten geschnitten
- 2 TL Pflanzenöl
- schwarzer Pfeffer
- 120 g junger Blattspinat
- 2 EL Vollkorn-Semmelbrösel

Helle Sauce

- 250 ml fettarme Milch
- 20 g Speisestärke
- 1 TL Senfpulver
- 1 kleine Zwiebel
- 2 kleine Lorbeerblätter
- 4 TL geriebener Parmesan oder Pecorino

1 Den Backofen auf 200 °C vorheizen und eine Auflaufform darin erwärmen.

2 Kürbis und rote Zwiebeln auf einem beschichteten Backblech verteilen, mit dem Öl bestreichen und mit reichlich Pfeffer bestreuen. 20 Minuten im Ofen backen, zwischendurch einmal wenden.

3 Für die Sauce die Milch mit Speisestärke, Senfpulver, Zwiebel und Lorbeerblättern in einem kleinen Topf bei mittlerer Temperatur unter ständigem Rühren erhitzen, bis die Flüssigkeit eindickt. Vom Herd nehmen. Zwiebel und Lorbeerblätter entfernen, dann den Käse einrühren. Beiseitestellen. Ab und zu umrühren, damit sich keine Haut bildet.

4 Wenn der Kürbis fast gar ist, den Spinat mit 1 Esslöffel Wasser in einem großen Topf bei mittlerer Temperatur unter gelegentlichem Rühren 2–3 Minuten erhitzen, bis die Blätter zusammenfallen.

5 Sie können das Gericht im Ofen überbacken oder den Backofengrill vorheizen. Die Hälfte der Kürbismischung in die Auflaufform geben, dann die Hälfte des Spinats darauf verteilen. Noch je eine Schicht Kürbis und Spinat daraufgeben. Mit der Sauce übergießen und mit Semmelbröseln bestreuen.

6 Unter dem Grill oder im Ofen 15–20 Minuten überbacken, bis die Sauce Blasen wirft.

Würzige Nudeln mit Porree, Butternut-Kürbis & Kirschtomaten

FÜR 4 PERSONEN

- 150 g junger Porree, in 2 cm dicke Ringe geschnitten
- 150 g geschälter Butternut-Kürbis, entkernt und in 2 cm große Würfel geschnitten
- 1½ EL mittelscharfe Currypaste
- 1 TL Pflanzenöl
- 175 g Kirschtomaten
- 250 g Nudeln (nach Wahl)
- 300 ml helle Sauce (siehe Seite 64)
- 2 EL frisch gehackter Koriander

1 Den Backofen auf 200 °C vorheizen.

2 In einem großen Topf Wasser aufkochen und den Porree darin 2 Minuten garen. Den Kürbis zufügen und alles noch weitere 2 Minuten kochen. In einem Sieb abtropfen lassen.

3 Die Currypaste mit dem Öl in einer großen Schüssel verrühren. Porree und Kürbis zufügen und in der Mischung wenden.

4 Porree und Kürbis auf einem beschichteten Backblech verteilen und im Ofen 10 Minuten goldbraun backen. Die Tomaten zufügen und alles noch weitere 5 Minuten backen.

5 Inzwischen die Nudeln nach Packungsanweisung kochen und abtropfen lassen.

6 Die helle Sauce in einen großen Topf geben und bei mittlerer Temperatur erhitzen. Porree, Kürbis, Tomaten und Koriander unterrühren, dann die warmen Nudeln zufügen. Alles vermischen und servieren.

Dreikorn-Risotto mit gerösteten Kürbisspalten & Spargel

FÜR 4 PERSONEN

- 200 g Eichelkürbis (oder anderer Winterkürbis), geschält, entkernt und in 4 Spalten geschnitten
- 1 TL Pflanzenöl
- 100 g Zwiebel, fein gewürfelt
- 1 TL zerdrückter Knoblauch
- 70 g Risotto-Reis, Dinkel und Perlgraupen gemischt
- 600 ml Gemüsebrühe
- 240 g Spargelspitzen
- 2 EL frisch gehackter Majoran, plus etwas mehr zum Garnieren
- 3 EL fettarmer Frischkäse
- 2 EL fein gehackte Petersilie
- Pfeffer

1 Den Backofen auf 200 °C vorheizen. Die Kürbisspalten auf einem beschichteten Backblech verteilen und im Ofen 20 Minuten goldbraun backen.

2 Inzwischen das Öl in einem mittelgroßen Topf bei hoher Temperatur erhitzen. Zwiebel und Knoblauch darin unter häufigem Rühren andünsten, aber nicht bräunen. Die Risotto-Mischung und die Hälfte der Brühe zufügen. Unter gelegentlichem Rühren köcheln lassen, bis die Flüssigkeitsmenge deutlich reduziert ist. Die restliche Brühe zugießen und weiterkochen, bis der Risotto gar ist. Gelegentlich umrühren.

3 175 g Spargelspitzen in einem Topf mit kochendem Wasser 2 Minuten garen. Abgießen und warm stellen. Den restlichen Spargel in 5 mm dicke Scheiben schneiden und 3 Minuten vor Ende der Garzeit dem Risotto zufügen.

4 Vom Herd nehmen. Majoran, Frischkäse und Petersilie unterrühren. Mit Pfeffer würzen. Nicht wieder aufkochen.

5 Den Risotto auf vorgewärmte Teller geben, die Kürbisspalten und Spargelspitzen darauf anrichten und mit Majoran garnieren.

Pizza mit Zucchini, Ziegenkäse & roter Zwiebel

FÜR 4–6 PERSONEN

- 400 g Pizzatomaten mit Kräutern aus der Dose
- 1 EL Olivenöl
- 1 kleine rote Zwiebel, in Ringe geschnitten
- 220 g kleine Zucchini, in Scheiben geschnitten
- 220 g Mehl
- 2 TL Backpulver
- Salz und Pfeffer
- 50 g Butter, gewürfelt
- 120 ml Milch
- 50 g Mozzarella, gerieben
- 1 große Strauchtomate, in dünne Scheiben geschnitten
- 100 g trockener Ziegenkäse, zerbröselt

1 Den Backofen auf 220 °C vorheizen. Ein Backblech einfetten und beiseitestellen. Ein Sieb über eine Schüssel hängen und die Pizzatomaten ins Sieb gießen. Beiseitestellen und gelegentlich umrühren, bis der Saft größtenteils abgetropft ist. Nur das Tomatenfruchtfleisch wird benötigt. Den Saft anderweitig verwenden.

2 Das Olivenöl in einem Topf erhitzen. Zwiebel und Zucchini darin 5 Minuten unter gelegentlichem Rühren weich dünsten. Vom Herd nehmen und beiseitestellen.

3 Mehl und Backpulver in eine Schüssel sieben. Eine Prise Salz zufügen. Die Butter einarbeiten, bis eine krümelige Masse entsteht. Etwas Milch zufügen und alles zu einem relativ weichen Teig verarbeiten. Kurz durchkneten.

4 Den Teig auf einer leicht bemehlten Arbeitsfläche zu einem Kreis von 25 cm Durchmesser ausrollen. Auf das vorbereitete Backblech legen. Das Tomatenfruchtfleisch gleichmäßig auf dem Teig verteilen. Mit Salz und Pfeffer würzen und mit Mozzarella bestreuen. Die Zucchinimischung daraufgeben, mit Tomatenscheiben belegen und mit dem Ziegenkäse bestreuen.

5 Die Pizza 25 Minuten im Ofen backen, bis der Teig gar ist und goldbraune Ränder hat. Aus dem Ofen nehmen und servieren.

Überbackene Nudeln mit Kirschtomaten, Zucchini & Brie

FÜR 4–6 PERSONEN

- 1 kleine rote Zwiebel, gehackt
- 350 g kleine Zucchini, in Scheiben geschnitten
- 2 EL Olivenöl
- 450 g Kirschtomaten, halbiert
- 500 g frische Nudeln (z. B. Fusilli oder Riccioli)
- 250 g Mascarpone
- 3 EL Schnittlauchröllchen
- Salz und Pfeffer
- 225 g milder Brie ohne Rinde, gewürfelt
- 50 g Gouda, fein gerieben
- frische Schnittlauchröllchen, zum Garnieren

1 Den Backofen auf 190 °C vorheizen. Zwiebel und Zucchini in einen großen Bräter oder eine Auflaufform geben, mit 1 Esslöffel Olivenöl beträufeln und alles vermengen. 15 Minuten im Ofen backen, zwischendurch ein- oder zweimal umrühren.

2 Die Ofentemperatur auf 180 °C reduzieren. Die Kirschtomaten in einer Schicht mit den Schnittflächen nach oben in den Bräter legen. Mit dem restlichen Öl beträufeln und alles noch weitere 10 Minuten backen. Aus dem Ofen nehmen und beiseitestellen.

3 Inzwischen die Nudeln in einem großen Topf mit leicht gesalzenem Wasser 3–5 Minuten al dente garen. Abgießen und wieder in den ausgespülten Topf geben.

4 Mascarpone und Schnittlauchröllchen zu den Nudeln geben, mit Salz und Pfeffer würzen und alles gut vermischen. Das gebackene Gemüse mit dem Saft zufügen und vorsichtig verrühren. Dabei die Tomaten nicht zerdrücken. Den Brie unterheben.

5 Die Mischung in eine leicht gefettete Auflaufform geben. Mit Gouda bestreuen und 15–20 Minuten im Ofen überbacken, bis die Sauce Blasen wirft. Mit Schnittlauchröllchen garnieren und servieren.

Zucchini-Gratin mit Schinken

FÜR 4 PERSONEN

- 50 g Butter, plus etwas mehr zum Einfetten
- 16 Babyzucchini (ca. 500 g)
- 40 g Mehl
- 600 ml Milch
- 1 TL Dijon-Senf
- 120 g mittelalter Gouda, gerieben
- Salz und Pfeffer
- 8 dünne Scheiben magerer Katenschinken oder Kochschinken
- 40 g frische Semmelbrösel
- Schnittlauchröllchen oder gehackte Petersilie, zum Garnieren

1 Eine flache Auflaufform leicht einfetten und beiseitestellen. Die Zucchini in einem Topf mit kochendem Wasser 4–5 Minuten garen. Abgießen und warm stellen.

2 Inzwischen 40 g Butter in einem zweiten Topf zerlassen. Das Mehl zugeben und unter ständigem Rühren 1 Minute anschwitzen. Den Topf vom Herd nehmen und langsam unter ständigem Rühren die Milch zugießen. Zurück auf den Herd stellen und unter ständigem Rühren alles 2–3 Minuten köcheln lassen, bis die Sauce eindickt. Wieder vom Herd nehmen. Den Senf und 80 g Käse einrühren. Mit Salz und Pfeffer abschmecken.

3 Den Backofengrill vorheizen. Die Schinkenscheiben quer halbieren und in jede Hälfte eine Zucchini wickeln. Die Rollen nebeneinander in einer Schicht in die vorbereitete Form legen und mit der Käsesauce übergießen.

4 Den restlichen Käse mit den Semmelbröseln mischen und gleichmäßig über die Sauce streuen. Die restliche Butter in Flöckchen darauf verteilen. Einige Minuten unter dem Grill überbacken, bis die Sauce Blasen wirft und das Gratin goldbraun ist. Mit Schnittlauchröllchen garnieren und sofort servieren.

Kürbis für Gourmets

Kürbis-Risotto mit Esskastanien

FÜR 4 PERSONEN

- 1 l Gemüsebrühe
- 1 EL Olivenöl
- 40 g Butter
- 1 kleine Zwiebel, fein gehackt
- 220 g Kürbisfleisch, gewürfelt
- 220 g Esskastanien, gegart und geschält
- 280 g Risotto-Reis
- 150 ml trockener Weißwein
- 1 TL zerriebene Safranfäden (nach Belieben)
- Salz und Pfeffer
- 80 g Parmesan, frisch gerieben, plus einige Späne zum Garnieren

1 Die Brühe aufkochen. Die Hitze reduzieren und die Brühe während der Zubereitung des Risottos knapp am Siedepunkt halten.

2 Das Öl mit 25 g Butter bei mittlerer Temperatur in einem hohen Topf erhitzen. Zwiebel und Kürbis zugeben und unter gelegentlichem Rühren 5 Minuten dünsten, bis die Zwiebel weich ist und das Gemüse Farbe annimmt. Die Esskastanien grob hacken und zugeben. Alles gut vermengen.

3 Die Hitze reduzieren, den Reis zufügen und unter ständigem Rühren 2–3 Minuten glasig dünsten. Den Wein zugießen und unter ständigem Rühren 1 Minute einkochen. Den Safran in 4 Esslöffeln heißer Brühe auflösen und zufügen, wenn der Reis den Wein aufgesogen hat. Unter ständigem Rühren weiterkochen, bis die Flüssigkeit aufgenommen ist.

4 Jeweils eine Kelle Brühe zugeben und unter ständigem Rühren köcheln lassen, bis der Reis sie aufgesogen hat. Erst dann die nächste Kelle Brühe zugeben. Auf mittlere Temperatur erhöhen und die Brühe aufkochen. Es dauert etwa 20 Minuten, bis die ganze Brühe verbraucht und der Reis gar ist. Mit Salz und Pfeffer abschmecken.

5 Den Risotto vom Herd nehmen und die restliche Butter unterrühren. Dann den geriebenen Käse zugeben und rühren, bis er schmilzt. Nochmals abschmecken. Den Risotto auf 4 vorgewärmten Tellern anrichten und mit Käsespänen garnieren.

Kürbis-Tarte mit Salbei & Gorgonzola

FÜR 6 PERSONEN

Teig
- 75 g kalte Butter, gewürfelt, plus etwas mehr zum Einfetten
- 125 g Mehl, plus etwas mehr zum Bestäuben
- 1 Prise Salz
- kaltes Wasser

Belag
- ½ kleiner Butternut-Kürbis oder 250 g Kürbisfleisch
- 1 TL Olivenöl
- 275 g Crème double
- Salz und Pfeffer
- 175 g Gorgonzola
- 2 Eier
- 1 Eigelb
- 6–8 frische Salbeiblätter

1 Den Kürbis halbieren und die Schnittflächen mit Öl einpinseln. Mit den Schnittflächen nach oben auf ein Backblech legen und 30–40 Minuten im Ofen backen, bis er goldbraun und sehr weich ist. Abkühlen lassen. Dann die Kerne entfernen, das Fruchtfleisch aus der Schale schaben und in eine große Schüssel geben.

2 Eine Tarte-Form (22 cm Ø) leicht einfetten. Mehl und Salz in die Schüssel einer Küchenmaschine sieben. Die Butter zufügen und alles zu einer krümeligen Masse verarbeiten. Die Mischung in eine große Schüssel geben und mit etwas kaltem Wasser zu einem weichen Teig verkneten. Den Teig auf einer bemehlten Arbeitsfläche zu einem Kreis ausrollen, der 8 cm größer als die Form ist. Den Teig in die Form legen und andrücken. Mit der Teigrolle über den Rand fahren, um überstehenden Teig abzuschneiden. Ein Stück Backpapier in die Form legen, getrocknete Bohnen daraufgeben und 30 Minuten in den Kühlschrank stellen. Inzwischen den Backofen auf 190 °C vorheizen.

3 Den Teig aus dem Kühlschrank nehmen und 10 Minuten im Ofen blindbacken. Bohnen und Papier entfernen. Weitere 5 Minuten backen.

4 Den Kürbis zerstampfen. Mit der Hälfte der Crème double mischen, mit Salz und Pfeffer würzen und die Masse auf den Teigboden geben. Den Käse in Scheiben schneiden und auf der Kürbismischung verteilen. Die restliche Crème double mit Eiern und Eigelb verrühren und gleichmäßig auf dem Käse verteilen. Die Salbeiblätter sternförmig in die Mitte legen. 30–35 Minuten im Ofen backen, 10 Minuten in der Form abkühlen lassen, erst dann servieren.

Orangen-Kürbis-Marmelade

ERGIBT CA. 2,25 KG

- 900 g Eichel- oder Butternut-Kürbisfleisch, fein gewürfelt
- 6 Blutorangen
- 150 ml frisch gepresster Zitronensaft
- 1 kleines Stück frische Ingwerwurzel, gerieben
- 2 Serrano-Chillies, entkernt und in dünne Ringe geschnitten
- 1,2 l Wasser
- 1,25 kg Gelierzucker

1 Den Kürbis in einen großen Topf mit gut schließendem Deckel geben. 2 Orangen mit Schale in Scheiben schneiden und die Kerne entfernen. Die Orangenscheiben zum Kürbis geben. Die restlichen Orangen schälen, das Fleisch hacken und mit Zitronensaft, Ingwer und Chillies ebenfalls in den Topf geben. Die Orangenkerne in ein Mullsäckchen binden und mit dem Wasser zufügen.

2 Aufkochen, dann die Hitze reduzieren und abgedeckt 1 Stunde köcheln lassen, bis der Kürbis und die Orangen ganz weich sind.

3 Den Zucker zugeben und unter ständigem Rühren erhitzen, bis er vollständig aufgelöst ist. Aufkochen, dann 15 Minuten (oder gemäß Angabe auf der Gelierzucker-Packung) kräftig kochen.

4 Falls nötig, den Schaum von der Oberfläche abschöpfen. Die kochend heiße Marmelade in sterilisierte Twist-off-Gläser geben, sofort zuschrauben und 10 Minuten auf den Kopf stellen. Nach dem Abkühlen beschriften und an einem kühlen Platz aufbewahren.

Tarte mit gelben Zucchini

FÜR 6 PERSONEN

Teig
- 125 g kalte Butter, gewürfelt, plus etwas mehr zum Einfetten
- 250 g Mehl, plus etwas mehr zum Bestäuben
- 1 Prise Salz
- 50 g Parmesan, gerieben
- 1 Ei
- kaltes Wasser

Belag
- 2 große gelbe Zucchini
- 1 EL Salz
- 50 g Butter
- 1 Bund Frühlingszwiebeln, in dünne Ringe geschnitten
- 150 g Crème double
- 3 große Eier
- Salz und weißer Pfeffer
- 1 kleines Bund frischer Schnittlauch, gehackt

1 Eine Tarte-Form (25 cm Ø) leicht einfetten. Mehl und Salz in die Schüssel einer Küchenmaschine sieben. Die Butter zufügen und alles zu einer krümeligen Masse verarbeiten. Die Mischung in eine große Schüssel geben und den Käse zufügen. Ei und etwas kaltes Wasser verquirlen, zu der Mehlmischung gießen und alles zu einem weichen Teig verkneten. Den Teig auf einer bemehlten Arbeitsfläche zu einem Kreis ausrollen, der 8 cm größer als die Form ist. Den Teig in die Form legen und andrücken. Mit der Teigrolle über den Rand fahren, um überstehenden Teig abzuschneiden. Ein Stück Backpapier in die Form legen, getrocknete Bohnen daraufgeben und 30 Minuten in den Kühlschrank stellen. Inzwischen den Backofen auf 200 °C vorheizen.

2 Den Teig 10 Minuten im Ofen blindbacken. Bohnen und Papier entfernen. Weitere 5 Minuten backen. Aus dem Ofen nehmen und abkühlen lassen. Die Ofentemperatur auf 180 °C reduzieren.

3 Inzwischen die Zucchini raspeln, mit 1 Esslöffel Salz in ein Sieb geben und vermischen, dann 20 Minuten abtropfen lassen. Abspülen, auf ein sauberes Geschirrtuch geben und gut ausdrücken.

4 Die Butter in einer großen Pfanne zerlassen. Die Frühlingszwiebeln darin weich dünsten. Die Zucchini zufügen und bei mittlerer Temperatur 5 Minuten dünsten, bis die Flüssigkeit verdampft ist. Leicht abkühlen lassen. Crème double und Eier mit Salz, Pfeffer und Schnittlauch verrühren. Die Zucchini auf den Teig geben, die Sahnemischung gleichmäßig darauf verteilen und 30 Minuten im Ofen backen. Heiß oder kalt servieren.

Zucchinibrot
mit Parmesan

FÜR 10–12 PERSONEN

- 50 g Butter, gewürfelt, plus etwas mehr zum Einfetten
- 220 g Mehl, plus etwas mehr zum Bestäuben
- 220 g Vollkornmehl
- 1 Tütchen Backpulver
- 1 TL Salz
- 1 große Prise frisch gemahlener schwarzer Pfeffer
- $1\frac{1}{2}$ TL Senfpulver
- 220 g Zucchini, grob geraspelt und trocken getupft
- 140 g Parmesan, fein gerieben
- 1 TL frisch gehackter Thymian
- 2 Eier, verquirlt
- 175 ml fettarme Milch

1 Den Backofen auf 190 °C vorheizen. Ein Backblech einfetten und beiseitestellen. Beide Mehlsorten, Backpulver, Salz, Pfeffer und Senfpulver in einer großen Schüssel mischen. Die Butter einarbeiten, bis eine krümelige Masse entsteht. Zucchini, Parmesan und Thymian untermengen. Eier und so viel Milch zugeben, dass ein weicher Teig entsteht.

2 Den Teig auf einer leicht bemehlten Arbeitsfläche durchkneten. Einen runden Laib mit 20 cm Durchmesser formen. Auf das vorbereitete Backblech legen und die Oberseite mit einem scharfen Messer dreimal schräg einschneiden.

3 Das Brot 40–50 Minuten im Ofen backen, bis es aufgegangen und goldbraun ist. Auf einem Kuchengitter abkühlen lassen. Warm oder kalt mit oder ohne Butter servieren.

Kürbisbrot

FÜR 6 PERSONEN

- **120 g weiche Butter, plus etwas mehr zum Einfetten**
- **450 g Kürbisfleisch**
- **140 g Zucker**
- **2 Eier, leicht verquirlt**
- **220 g Mehl**
- **1 1/2 TL Backpulver**
- **1/2 TL Salz**
- **1 TL Lebkuchengewürz**
- **2 EL Kürbiskerne**

1 Den Backofen auf 200 °C vorheizen. Eine Kastenform (900 g) einfetten.

2 Den Kürbis in grobe Würfel schneiden und in eingeölte Alufolie wickeln. 30–40 Minuten im Ofen garen. Die Ofentemperatur auf 160 °C reduzieren. Den Kürbis ganz abkühlen lassen, dann pürieren.

3 Butter und Zucker in einer Schüssel schaumig schlagen. Die Eier nach und nach unterrühren. Das Kürbispüree einrühren, dann Mehl, Backpulver, Salz und Gewürzmischung auf die Masse sieben und alles vermischen.

4 Die Kürbiskerne unterheben. Den Teig in die vorbereitete Form füllen und glatt streichen. 1 1/4–1 1/2 Stunden im Ofen backen, bis an einem in die Mitte gestochenen Holzstäbchen keine Teigspuren mehr haften bleiben.

5 Das Brot auf einem Kuchengitter abkühlen lassen. In Scheiben schneiden und nach Belieben mit Butter servieren.

Süßer Kürbiskuchen

FÜR 4 PERSONEN

Füllung
- 1,8 kg süßer Kürbis
- 400 ml Kondensmilch
- 2 Eier
- 1 TL Salz
- 2–3 Tropfen Vanillearoma
- 1 EL Demerara-Zucker

Teig
- 50 g kalte Butter, plus etwas mehr zum Einfetten
- 140 g Mehl, plus etwas mehr zum Bestäuben
- ¼ TL Backpulver
- 1½ TL Zimt
- ¾ TL geriebene Muskatnuss
- ¾ TL gemahlene Gewürznelken
- 50 g Zucker
- 1 Ei, verquirlt

Belag
- 2 EL Mehl
- 4 EL Demerara-Zucker
- 1 EL Zimt
- 25 g kalte Butter, gewürfelt
- 80 g Pekannusskerne, gehackt
- 70 g Walnusskerne, gehackt

1 Den Backofen auf 190 °C vorheizen. Den Kürbis vierteln, die Kerne entfernen und zum Rösten beiseitelegen. Den Stiel und das faserige Innere entfernen. Die Kürbisviertel mit den Schnittflächen nach unten in einen flachen Bräter legen und mit Alufolie abdecken. 1½ Stunden im Ofen backen, dann aus dem Ofen nehmen und abkühlen lassen. Das Fleisch aus der Schale schaben und pürieren. Austretende Flüssigkeit abgießen. Mit Frischhaltefolie abdecken und bis zur weiteren Verarbeitung in den Kühlschrank stellen. Dort hält es sich drei Tage (im Tiefkühlfach mehrere Monate).

2 Für den Teig eine runde Auflaufform mit Butter einfetten. Mehl und Backpulver in eine große Schüssel sieben, Gewürze und Zucker unterrühren. Die Butterwürfel zufügen und alles mit den Fingern zu einer krümeligen Masse verarbeiten. Eine Vertiefung in die Mitte drücken und das verquirlte Ei hineingeben. Alles mit einem Holzlöffel vermengen, dann mit den Händen zu einer Kugel formen. Auf einer leicht bemehlten Arbeitsfläche ausrollen. Die Form (Boden und Rand) mit dem Teig auslegen und den Rand gerade schneiden. Die Form mit Frischhaltefolie abdecken und 30 Minuten in den Kühlschrank stellen.

3 Den Backofen auf 220 °C vorheizen. Das Kürbispüree in einer großen Schüssel mit Kondensmilch und Eiern verrühren. Salz, Vanillearoma und Zucker unterrühren. Die Masse auf dem Teig verteilen und 15 Minuten im Ofen backen.

4 Inzwischen für den Belag Mehl, Zucker und Zimt in einer Schüssel vermischen. Die Butter einarbeiten, bis eine krümelige Masse entsteht. Die Nüsse untermischen. Den Kuchen aus dem Ofen nehmen und die Ofentemperatur auf 180 °C reduzieren. Den Streuselbelag auf dem Kuchen verteilen und 35 Minuten im Ofen überbacken. Aus dem Ofen nehmen und heiß oder kalt servieren.

Butternut-Tarte mit Zimt

FÜR 6–8 PERSONEN

Teig
- 175 g weiche Butter
- 50 g Zucker
- 1 Eigelb
- 275 g Mehl, gesiebt, plus etwas mehr zum Bestäuben

Belag
- 400 g Butternut-Kürbisfleisch
- 150 g brauner Feinstzucker
- 3 Eier, verquirlt
- 1 TL Zimt
- 3 EL brauner Rum
- 2 EL Mascarpone
- Vanilleeis oder Schlagsahne, zum Servieren

1 Für den Teig Butter und Zucker in einer Schüssel schaumig schlagen. Das Eigelb zufügen und unterrühren. Allmählich das Mehl untermischen, bis der Teig eine Kugel bildet. Nicht zu lange rühren und kneten. Die Teigmenge halbieren und eine Hälfte einfrieren. Die andere Hälfte in Frischhaltefolie wickeln und bei Zimmertemperatur etwa 20 Minuten ruhen lassen.

2 Den Teig auf einer bemehlten Arbeitsfläche ausrollen. Eine Tarte-Form (23 cm Ø) damit auslegen. In den Kühlschrank stellen.

3 Den Backofen auf 180 °C vorheizen.

4 Für den Belag den Kürbis fein würfeln und in einem Topf mit Wasser weich kochen. Abgießen und im Mixer pürieren. Die restlichen Zutaten für den Belag zufügen und alles zusammen pürieren. Drei Viertel des Belages auf dem Teig verteilen. 10–15 Minuten im Ofen backen, bis der Belag fest wird. Den restlichen Belag darauf verteilen und weitere 25 Minuten backen.

5 Aus dem Ofen nehmen und abkühlen lassen. In Stücke schneiden und mit Vanilleeis oder Sahne servieren.

Butternut-Kürbiskuchen mit Orangen

FÜR 10–12 PERSONEN

Teig
- 175 g weiche Butter, plus etwas mehr zum Einfetten
- 175 g brauner Feinstzucker
- 3 Eier, verquirlt
- abgeriebene Schale und Saft von 1 Orange
- 220 g Vollkornmehl
- 3 TL Backpulver
- 1 TL Zimt
- 220 g Butternut-Kürbisfleisch, grob geraspelt
- 120 g Sultaninen

Belag
- 220 g Doppelrahm-Frischkäse
- 50 g Puderzucker, gesiebt
- 1 TL abgeriebene Orangenschale (von den oberen Zutaten)
- 2–3 TL frisch gepresster Orangensaft (von den oberen Zutaten)
- Orangenzesten, zum Dekorieren

1 Den Backofen auf 180 °C vorheizen. Eine Springform (18 cm Ø) einfetten und beiseitestellen.

2 Für den Teig Butter und Zucker in einer Schüssel schaumig schlagen. Die Eier nach und nach unterrühren. 1 Teelöffel Orangenschale für den Belag aufbewahren, die restliche Schale zum Teig geben. Mehl, Backpulver und Zimt kurz untermischen. Kürbis und Sultaninen unterheben. 1 Teelöffel Orangensaft einrühren, damit der Teig weich wird. In die Form füllen und glatt streichen.

3 Den Kuchen 1 Stunde im Ofen backen, bis er aufgegangen und goldbraun ist. Aus dem Ofen nehmen und einige Minuten in der Form abkühlen lassen. Dann auf einem Kuchengitter vollständig auskühlen lassen.

4 Für den Belag Frischkäse, Puderzucker, restliche Orangenschale und 2–3 Teelöffel Orangensaft glatt rühren. Auf dem kalten Kuchen mit einem Löffelrücken dekorativ verstreichen und mit Orangenzesten verzieren. In Stücke schneiden und sofort servieren.

Register

Bambussprossen
Thailändisches Hähnchen mit Zucchini 46
Bohnen
Gerösteter Butternut-Kürbis 37
Tomatensuppe mit Kürbis & roten Bohnen 17
Butternut-Kürbis 11
Butternut-Kürbis aus dem Wok 38
Butternut-Kürbiskuchen mit Orangen 94
Butternut-Kürbissuppe mit Porree 22
Butternut-Tarte mit Zimt 93
Couscous-Salat mit geröstetem Butternut-Kürbis 34
Gerösteter Butternut-Kürbis 37
Kürbis-Tarte mit Salbei & Gorgonzola 81
Kürbistopf mit Hähnchen & Chorizo 56
Mini-Pfannkuchen mit Kürbis, Tomaten & Parmaschinken 25
Orangen-Kürbis-Marmelade 82
Spinat & Butternut-Kürbis aus dem Ofen 64
Würzige Nudeln mit Porree, Butternut-Kürbis & Kirschtomaten 67

Chillies
Kürbis-Curry 59
Orangen-Kürbis-Marmelade 82
Thailändisches Hähnchen mit Zucchini 46
Chorizo
Kürbistopf mit Hähnchen & Chorizo 56
Couscous-Salat mit geröstetem Butternut-Kürbis 34

Dinkel
Dreikorn-Risotto mit gerösteten Kürbisspalten & Spargel 68

Eichelkürbis 11
Dreikorn-Risotto mit gerösteten Kürbisspalten & Spargel 68
Kürbissuppe mit Süßkartoffeln & Knoblauch 18
Orangen-Kürbis-Marmelade 82
Eier
Butternut-Kürbiskuchen mit Orangen 94
Butternut-Tarte mit Zimt 93
Kürbisbrot 89
Kürbis-Soufflé 45
Süßer Kürbiskuchen 90
Tarte mit gelben Zucchini 85
Zucchinibrot mit Parmesan 86
Zucchini-Frittata mit Karotten & Tomaten 50
Esskastanien
Kürbis-Risotto mit Esskastanien 78

Gartenkürbisse 8
Gurken
Couscous-Salat mit geröstetem Butternut-Kürbis 34

Hokkaido 11
Honig
Kürbis mit Honigglasur 29
Couscous-Salat mit geröstetem Butternut-Kürbis 34
Hubbard-Typen 11
Huhn
Kürbistopf mit Hähnchen & Chorizo 56
Thailändisches Hähnchen mit Zucchini 46

Ingwer
Kürbis-Curry 59
Orangen-Kürbis-Marmelade 82
Thailändisches Hähnchen mit Zucchini 46

Karotten
Salat mit Zucchinistreifen 26
Schmortopf mit Wurzelgemüse & Kürbis 63
Tomatensuppe mit Kürbis & roten Bohnen 17
Zucchini-Frittata mit Karotten & Tomaten 50
Käse
Butternut-Kürbiskuchen mit Orangen 94
Butternut-Tarte mit Zimt 93
Gefüllter Kürbis mit Gruyère 41
Gegrillte Kürbisspalten mit Ziegenkäse & Schinken 42
Kürbis-Risotto mit Esskastanien 78
Kürbis-Soufflé 45
Kürbis-Tarte mit Salbei & Gorgonzola 81
Paprika-Zucchini-Türmchen 30
Penne mit Kürbissauce 60
Pizza mit Zucchini, Ziegenkäse & roter Zwiebel 71
Spinat & Butternut-Kürbis aus dem Ofen 64
Tarte mit gelben Zucchini 85
Überbackene Nudeln mit Kirschtomaten, Zucchini & Brie 72
Zucchinibrot mit Parmesan 86
Zucchini-Gratin mit Schinken 75
Kokosmilch
Butternut-Kürbis aus dem Wok 38
Kürbiskerne 11
Kürbisbrot 89

Nudeln
Penne mit Kürbissauce 60
Überbackene Nudeln mit Kirschtomaten, Zucchini & Brie 72
Würzige Nudeln mit Porree, Butternut-Kürbis & Kirschtomaten 67
Nüsse
Butternut-Kürbis aus dem Wok 38
Süßer Kürbiskuchen 90

Orangen
Butternut-Kürbiskuchen mit Orangen 94
Orangen-Kürbis-Marmelade 82

Paprika
Couscous-Salat mit geröstetem Butternut-Kürbis 34
Gegrillte Kürbisspalten mit Ziegenkäse & Schinken 42
Paprika-Zucchini-Türmchen 30
Schmortopf mit Wurzelgemüse & Kürbis 63
Thailändisches Hähnchen mit Zucchini 46
Perlgraupen
Dreikorn-Risotto mit gerösteten Kürbisspalten & Spargel 68
Pilze
Gerösteter Butternut-Kürbis 37
Pizza mit Zucchini, Ziegenkäse & roter Zwiebel 71
Porree
Butternut-Kürbissuppe mit Porree 22
Schmortopf mit Wurzelgemüse & Kürbis 63
Würzige Nudeln mit Porree, Butternut-Kürbis & Kirschtomaten 67

Radieschen
Salat mit Zucchinistreifen 26
Reis
Dreikorn-Risotto mit gerösteten Kürbisspalten & Spargel 68
Kürbis-Risotto mit Esskastanien 78

Schinken
Gegrillte Kürbisspalten mit Ziegenkäse & Schinken 42
Mini-Pfannkuchen mit Kürbis, Tomaten & Parmaschinken 25
Zucchini-Gratin mit Schinken 75
Sellerie
Kürbistopf mit Hähnchen & Chorizo 56
Schmortopf mit Wurzelgemüse & Kürbis 63
Tomatensuppe mit Kürbis & roten Bohnen 17
Sommerkürbisse 6, 8
Gartenkürbisse 8
Nährstoffgehalt 8
Spaghettikürbis 8, 11
Ufokürbis 11
Zucchini 8
Spaghettikürbis 8, 11
Spargel
Dreikorn-Risotto mit gerösteten Kürbisspalten & Spargel 68
Spinat
Spinat & Butternut-Kürbis aus dem Ofen 64
Süßkartoffeln
Kürbissuppe mit Süßkartoffeln & Knoblauch 18

Tomaten
Gegrillte Zucchini-Bruschetta 53
Gerösteter Butternut-Kürbis 37
Kürbistopf mit Hähnchen & Chorizo 56
Mini-Pfannkuchen mit Kürbis, Tomaten & Parmaschinken 25
Paprika-Zucchini-Türmchen 30
Pizza mit Zucchini, Ziegenkäse & roter Zwiebel 71
Schmortopf mit Wurzelgemüse & Kürbis 63
Tomatensuppe mit Kürbis & roten Bohnen 17
Überbackene Nudeln mit Kirschtomaten, Zucchini & Brie 72
Würzige Nudeln mit Porree, Butternut-Kürbis & Kirschtomaten 67
Zucchini-Frittata mit Karotten & Tomaten 50
Turbankürbis 11

Ufokürbis 11

Winterkürbisse 6, 10
Butternut 11
Eichelkürbis 11
Einkauf 10
Hokkaido 11
Hubbard-Typen 11
Lagerung 10
Nährstoffgehalt 10
Turbankürbis 11
Vorbereitung 10
Wurzelgemüse
Schmortopf mit Wurzelgemüse & Kürbis 63

Zucchini 8
Couscous-Salat mit geröstetem Butternut-Kürbis 34
Einkauf 8
Gegrillte Zucchini-Bruschetta 53
Gerösteter Butternut-Kürbis 37
Paprika-Zucchini-Türmchen 30
Pizza mit Zucchini, Ziegenkäse & roter Zwiebel 71
Salat mit Zucchinistreifen 26
Tarte mit gelben Zucchini 85
Thailändisches Hähnchen mit Zucchini 46
Überbackene Nudeln mit Kirschtomaten, Zucchini & Brie 72
Zucchinibrot mit Parmesan 86
Zucchini-Frittata mit Karotten & Tomaten 50
Zucchini-Gratin mit Schinken 75
Zucchinisuppe mit Curry 21
Zucchiniblüten 8
Frittierte Zucchiniblüten 49